الخشب الأبيض

دار الرُّقيّ

للطباعة والنشر والتوزيع

خـــليـــوي: 00961 3 235949
تلفاكس: 00961 7 920158
ص.ب: 4101 بيروت - لبنان

الخشب الأبيض

تأليف: د.محمد الدرويش

رسوم: أمجاد حبتور

دار الـرُّقـيّ

للطباعة والنشر والتوزيع

الخشب الأبيض

اليومَ تتحقَّقُ أمنيةُ «سامر» بالذَّهابِ في رحلةِ تَخْييم مع رفاقِهِ إلى الغابةِ بإشرافِ المدرسة..

يسِيرُ الجميعُ في الغابةِ منبهرينَ بالأنـواعِ المختلفةِ من الأشجارِ والنّباتات..

فجأةً! يلاحظُ «سامر» أحدَ الحيواناتِ الصَّغيرة: إنّه سنجاب!..

يلاحقُ «سامر» السّنجابَ مبتعداً عن رفاقه إلى أن يجدَ نفسَهُ وحيداً!..

يسيرُ الفتى اليافعُ ضائعاً بين الأشجارِ الباسقة..
يحلُّ الليلُ ويسمعُ عـواءَ الذِّئـابِ المفترسة..
تقتربُ الأصواتُ أكثر فأكثر إلى أن يشعرَ «سامر»
بأنَّـه محاصرٌ وسطَ قطيعٍ شرسٍ من الحيواناتِ
المفترسـة.. يتسـمَّر «سامر» خائفاً في مكانِه
وتتسـاقطُ قطراتُ العرقِ من وجهِهِ البريءِ.. ماذا
يفعلُ الآنَ؟!.. إنَّهُ يدفعُ ثمنَ فضولِهِ ورغبتِهِ في
معرفةِ كلِّ شيءٍ منفرداً.. نصحَهُ رفاقُهُ ألاَّ يبتعدَ
عنهمْ لكن من دونِ جدوى.. إنَّهُ عنيدٌ جداً..

يشعرُ «سامر» بأنفـاسِ الذِّئـابِ تقتـربُ منه..
يبكي الفتى المرعـوبُ ويصرخُ بأعلى صوتِهِ:
أنقذوني.. ساعدوني..

لا أحدَ يجيبُ نداءَ الفتى الذي يشعرُ بقربِ

النِّهايةِ المحتَّمةِ.. فجأةً!.. يسمعُ «سامر» صراخاً بشرياً غريباً يشبهُ صوتَ الذِّئابِ..

ينظرُ «سامر» حولَهُ فيرى رجلاً يرتدي ملابسَ مهترئةً ويمسكُ بعصا طويلةٍ مدبَّبةٍ..

تبتعدُ الذِّئابُ ويقتربُ الرَّجلُ الغريبُ من الفتى الخائف..

يُبيِّنُ ضوءُ القمرِ ملامحَ وجهِ الرجلِ المنقذ: لحيةً طويلةً وعينين غائرتين وشارباً كثيفاً..

يبادرُ الرَّجلُ بالحديث: لا تخفْ يا بنيَّ.. لقد زالَ الخطرُ الآنَ..

سامر: شكراً لكَ يا عمَّاه.. أنا مدينٌ لكَ بحياتي..

الرَّجل: ماذا تفعلُ وحدَكَ هنا؟!

سـامر: كنتُ مـعَ رفاقي في جولةٍ في الغابة.. ابتعـدْتُ عنهمْ قليلاً ثـم نظرتُ حولي فلم أجدْهم لقد تهتُ في الغابة..

الرَّجل: حسـناً.. لا تخفْ.. هيَّا نذهب معاً إلى بيتي المتواضعِ.

سامر: بيتُك؟!.. هل تملِكُ بيتاً في الغابة؟!

الرَّجـل: عنـدي بيتٌ مؤلَّفٌ مـن مجموعةٍ من الأخشاب.

يصطحبُ الرَّجـل «سامر» ويسـيرانِ مسـافةً قصيرةً ثم يصـلانِ إلى «بيت» الرَّجل: إنها حفرةٌ مغطَّاةٌ بالأخشاب..

يـزولُ الخـوفُ مـن نفسٍ «سـامر» ويشـعرُ بودٍّ غريبٍ تجاهَ الرَّجلِ..

الرَّجل: ما اسمُك أيُّها الفتى؟

سامر: اسمي «سامر».

الرَّجـل: ربّما تسـألُ نفسَـك يا «سـامر»: لماذا أعيش في هذه الحفرة.. أليس كذلك؟

سـامر: نعم.. كنت أرغبُ في طرحِ هذا السُّؤالِ عليك.

الرَّجـل: حسـناً.. اسـمعْ قصَّتي إذن.. أنا هاربٌ مـن السِّـجن!.. لقد حكمـوا عليَّ بالسِّجن لمدَّة عشرينَ عاماً بسببِ جريمةٍ لم أرتكبْها!

سامر: بسببِ جريمةٍ لم ترتكبْها؟!

الرَّجـل: نعم يا بنيَّ.. جريمةُ قتلٍ لم أرتكبْها.. اتَّهموني بهـا زوراً وبهتانـاً.. حاولْـتُ أن أثبـتَ براءتي لكنّي لم أستطعْ.

سامر: كيفَ هربتَ من السِّجن؟

الرَّجـل: أثنـاءَ الانتقالِ من قاعـةِ المحكمةِ إلى السِّـجنِ حصلَ حادثٌ أليمٌ وانقلبتِ السيّارةُ التي كنتُ فيها.. لم أُصَبْ بأذى.. حاولَ رجالُ الشُّرطة المصابـون اللَّحـاقَ بـي لكنَّي استطعتُ الهربَ منهم.. ثم وجدتُ نفسـي في هذه الغابةِ الواسعةِ فقررتُ أن أختبىءَ فيها..

سامر: أعذرْنـي يا عمّـاه لكنَّ هروبكَ سيثبتُ التهمةَ عليك.

الرَّجـل: أعلـمُ ذلـك.. لكنَّني قـررتُ الهـربَ حفاظاً على أسرتي.. وربّما أستطيعُ الوصول إلى شيءٍ يُثبتُ براءتي.

سامر: كيفَ تحافظُ على أسرتِك؟

الرجل: لديَّ زوجةٌ وأولادٌ لا معيلَ لهم سواي.. عندما هربتُ فكَّرتُ في طريقةٍ ما لممارسـةِ عملٍ ما كي أكسبَ منهُ المالَ وأرسلَهُ إلى أسرتي.

سامر: وهل وصلتَ إلى مبتغاك؟

الرجل: نعـمْ.. أنا أقطعُ الأخشـابَ في الغابةِ وأعطيه إلى ابني اليافعِ كي يبيعَه في السُّوق.

سامر: هل يعـرفُ ابنُك مكانَ وجودِك هنا في الغابة؟

الرجل: نعمْ.. بعد هروبي بمدَّةٍ قصيرةٍ غيَّرتُ معالمَ وجهي وذهبتُ سرًّا إلى بيتي والتقيتُ عائلتي واتَّفقتُ مع ابني على اللقاءِ كلَّ أسبوع في طرفِ الغابةِ كي أنقلَ له الأخشاب.

سامر: إنَّها قصَّةٌ غريبةٌ بالفعل!.. لكن هل يكفي المالُ الذي تجنيهِ من بيعِ الأخشابِ لمعيشةِ أسرتِك؟

الرَّجل: بالطَّبع لا.. لكنْ لا يوجدُ أمامي أيُّ خيارٍ آخر.

تسودُ فترةٌ من الصَّمتِ ثم يتابعُ الرَّجلُ حديثَهُ: لقد تأقلمتُ مع هذه الغابةِ لكنَّني أتمسَّكُ بالأمل.. أبذلُ جهداً كبيراً في الحصولِ على الأخشابِ.. ومعَ شروقِ شمسِ كلِّ يومٍ جديدٍ يزدادُ أملي في

الخلاص من المأساةِ التي وقعتُ فيها.. أما يوم لقائي مع ابني اليافع فهو عيدٌ أسبوعيٌّ أحلمُ به طوالَ الأيامِ السَّابقةِ له ويتحوَّلُ فيه لونُ الخشبِ البنيُّ إلى اللَّونِ الأبيض المفعمِ بالأملِ.. استمدَّ هذا الأملَ من نظراتِ ابني.. ابني الذي أصبح رجلاً صغيراً.. يحملُ على كتفهِ مسؤوليةً كبيرة.. لكنَّه يشاركُني الأمل.. قد يأتي يومٌ أستطيعُ فيه إثبات براءتي..

تولدُ بين ثنايا قلبِ «سامر» رغبةً جامحةً في مساعدةِ هذا الرَّجل.. لا يمكنُ أن يكونَ كاذباً.. شعرَ «سامر» بصدقِ الرَّجلِ في كلّ كلمةٍ قالَها..

عبّر «سامر» عن رغبتِهِ في مساعدةِ الرَّجل: أنا أصدّقك يا عمّاه وأرغبُ في مساعدتِكَ بأيَّةِ

طريقــة.. لا يمكن أن تسـتمرَّ على هذه الحال.. لا
بدَّ من فعلِ شيءٍ ما..

شكرَ الرّجلُ الفتى المتحمّس وقـال: إن
استماعَك لقصّتي مساعدةٌ كبيرةٌ لا يمكنني أن
أطلبَ منكَ شيئاً آخر.. آملُ أن تعـودَ إلى أهلِكَ
بخير.. هذا كلّ ما أتمنَّاه..

يتأثرُ «سامر» بكلامِ الرّجلِ الغريبِ ويمضي
الليـل بطيئاً ويطلعُ صبـاحٌ جديدٌ على الغابةِ
الواسـعة.. من شـدّة الإرهـاق غفا «سـامر» لمدّةٍ
قصيرة.. ثم صحا من نومِهِ عندما لامسَتْ أشعّةُ
الشمسِ وجهَهُ الغضّ..

فكّر «سامر»: كيف يمكنني مساعدةُ هذا المتّهم
البريء؟!.. عليَّ أن أجدَ طريقةً ما..

الرّجل: بماذا تفكِّرُ يا «سامر»؟

سامر: الحقيقةُ أنّي أودُّ أن أطلـبَ مقابلةَ ابنِكَ في المكانِ السّريّ الذي تعطيه فيه الأخشاب.

الرّجل: لماذا؟

سامر: أريدُ أن أتعرّفَ عليـه.. ربما أجد طريقةً لمساعدتِكَ..

يرفـضُ الرّجلُ في البدايةِ ويقـول: لا أريدُ أن أسبِّبَ لكَ المتاعبَ والمشاكل.. وربّما الخطر.

سامر: لا تقلقْ يا عمّاه.. أرجوكَ أن تقبلَ طلبي.

يوافـقُ الرّجلُ بعـد إلحـاحِ الفتى اليافـعِ ويدلُّه على مكانِ اللِّقاءِ السّريِّ مع ابنِهِ وموعده..

بعدَ برهةٍ تُسمعُ أصواتُ رجالٍ ونباحُ كلابٍ ومكبّراتُ صوتٍ: إنّهم يبحثونَ عن الفتى الضّائع في الغابة.. تنشأ رغبةٌ متناقضةٌ في نفسِ «سامر» فهو من جهةٍ يريدُ الصُّراخَ بأعلى صوتِهِ: أنا هنا.. ومـن جهةٍ أخرى يودُّ أن يصمتَ كي لا يُكتشفَ أمرُ الرَّجل الغريب.

يبتعدُ الرَّجلُ الغريبُ بهدوءٍ تحتَ نظراتِ الفتى الحزين..

لم ينطقْ «سامر» بأيّةِ كلمةٍ بل تابع بنظراتِه ابتعادَ الرَّجلِ واختفاءَهُ بينَ الأشجار..

يعثرُ رجالُ الشُّرطةِ على الفتى التّائهِ ويسعدُ الجميعُ فيما عدا «سامر»..

تمرُّ الأيامُ ثقيلةً على سامر.. إنه ينتظرُ الموعدَ السّريَّ من ابنِ الرّجل الغريبِ كي يرافقَهُ في رحلةِ الحصولِ على الخشبِ «الأبيض» كما وصفه الأبُ المسكين..

يأتي اليومُ الموعودُ وينتظرُ «سامر» في المكانِ السّريِّ المتّفقِ عليه ويأتي ابنُ الرّجل..

وهنا كانتِ المفاجأةُ الكبرى: إنّه «ثائر».. منذ سنتين حصلَتْ عمليّةُ نقلِ كليةٍ منْ جسمٍ «ثائر» إلى جسم «سامر».. يا للمصادفة!.. إنّه قدرٌ إلهي.. يلتقي الفتيانِ مرّةً أخرى في أحلكِ الظُّروفِ..

تعودُ عمليةُ نقلِ الكليةِ إلى سنتين.. في ذلك الزّمنِ ساءَتْ حالةُ «سامر» الصّحيّةَ وبنتيجةِ الفحوصِ الطّبيّةِ الدقيقةِ تبيّن أنّ إحدى كليتيه

متضــرِّرة بشكلٍ كبيرٍ ويجبُ استبدالُها من أحدِ المتبرِّعيــن.. بحثـتْ عائلةُ «سامر» عـن متبرِّعٍ ما لكنَّها للأسف لم توفَّقْ في إيجادهِ.. تمّ نشرُ إعلانٍ في الجرائدِ والتّلفاز.. وفي أحد الأيّامِ اتصلتْ أُمُّ «ثائر» بعائلةِ «سامر» وتمّ الاتفاقُ على نقل إحدى كليتَيْ «ثائر» إلى جسدِ «سامر».. حصلَتْ أمُّ «ثائر» على مبلغٍ كبيرٍ من المالِ لقاءَ العمليةِ واستخدمَتْهُ في الإنفاقِ على العائلة المنكوبة..

بعــد إجــراءِ العمليَّةِ لــم يحصـلْ أيُّ اتصالٍ بين العائلتين بطلبٍ من أم «ثائر»..

آنذاك لم تفهمْ عائلةُ «سامر» سببَ هذا الطَّلبِ الغريــب.. كانَ التّفسيـرُ الوحيـدُ هو عـدم إحراجِ عائلةِ «أم ثائر» بسببِ وجودِ الأب في السِّجن..

مـرَّ شـريطُ أحـداثٍ إجـراءٍ عمليَّةِ نقـلِ الكليةِ أمامَ عينَيْ «سامر» لحظةَ لقائِهِ مع «ثائر» وأرادَ أن يحتضنَهُ وأن يصافحَهُ بحرارةٍ لكنَّهُ تسمَّر في مكانِهِ عندما أشـارَ له «ثائر» بالصَّمتِ واضعاً سبابة يدِهِ اليمنى أمام فمِهِ..!

قال «سامر» في نفسـه: لمـاذا يا «ثائر»؟!.. ما خطبُك؟!..

لبَّى «سامر» رغبةَ ابنِ الرّجلِ الغريب..

هنـا قال «أبو ثائـر»: هذا ولدي «ثائـر».. أعتقدُ أنَّكما متكافئانِ في العمرِ يا «سامر» أليسَ كذلك؟

سامر: أعتقدُ ذلك.. تشرَّفتُ بمعرفتِك يا «ثائر».

ثائـر: وأنـا أيضاً.. أتشـرَّفُ بالتَّعرفِ عليك يا

«سامر».

ابتعـدَ «أبـو ثائـر» قليلاً كي يُحْضِرَ الأخشـابَ فاسـتغلَّ «ثائـر» الفرصـةَ وقـال هامسـاً لسـامر: سأشـرحُ لكَ كلَّ شـيءٍ بعد قليل.. أرجو أن تصبرَ قليلاً..

سامر: حسناً..

يعـودُ الأبُ حامـلاً مجموعـةً مـنَ الأخشابِ ويقـول باسـماً: هذا هو الخشـبُ الأبيضُ يا ثائر.. أرجو لك حظّاً طيّباً..

في طريقِ العودةِ يشرحُ «ثائر» سببَ تجاهلِهِ لَهُ عندَ لقائِهما.. لقد تمَّ إجراءُ العمليَّةِ من دونِ إعلامِ الأبِ!.. لماذا؟!.. لأنَّ الأبَ ببساطةٍ لـم يوافقْ

عليهـا.. إنَّهُ لا يريدُ أنْ يدفعَ ابنُهُ ثمناً باهظاً بسببِ الظروفِ الصَّعبةِ التي تمرُّ بها العائلة.. اعتبرَ الأبُ أنَّهُ المسـؤولُ الوحيدُ عن هذهِ الظروفِ وسـيبذلُ قصارى جهـدِهِ كي تعيشَ الأسـرةُ وكأنَّـهُ موجودٌ معها..

سـامر: لكنَّه خطأ كبير يا «ثائر».. كيفَ سيكونُ ردُّ فعلِ أبيك عندما يعرفُ بهذا؟!

ثائر: أعرفُ ذلك يا «سامر» لكنَّنا مَرَرنا بظروفٍ صعبةٍ ولم نسـتطعْ تلبيةَ حاجاتِنا من المالِ البسيطِ الـذي أحصلُ عليهِ من بيـعِ الأخشـابِ.. ظروفٌ قاهرةٌ أجبرتْنا على اتّخاذِ هذا القرارِ من دونِ علمِ أبـي.. أرجو أن تُبقيَ هذا الأمَرَ سـرّاً بيني وبيَكَ يا سامر..

سامر: لا تقلـقْ يا ثائر.. كن مطمئناً.. لقد أنقذ أبـوك حياتي في هـذهِ الغابـةِ الموحشـةِ.. أودُّ أن أسـاعدكَ بأيِّ شيء.. أودُّ أن أساعدَ أباك.. أودَّ ردَّ الجميل..

ثائر: يمكنُكَ مسـاعدَتي في نقلِ الأخشابِ من الغابةِ إلى البيت..

سامر: أنا موافقٌ.. وسنبدأ من الأسبوعِ القادم..

في الموعدِ المنتظرِ في طرفِ الغابةِ يحضرُ «سامر» لكنّ «ثائر» لا يحضرُ!!

ينتظرُ الأبُ القلِـقُ مع «سامر» حتّى شارفَتِ الشّمسُ على المغيب..

قال سامر: لا تقلقْ يا عمَّاه.. سأنقلُ الخشـبَ عوضاً عن «ثائر» اليوم.. أعطِني عنوانَ البيت..

يتأثَّرُ أبو «ثائر» كثيراً بحماسةِ الفتى اليافعِ ويدلُّ «سامر» على عنوانِ بيتِ العائلةِ ويطلبُ منه أن يعودَ في اليوم التَّالي كي يطمئنَهُ عن سببِ غيابِ ابنِه..

وهكذا تختلطُ مشاعرُ «سامر» مرّة أخرى: فهو سعيدٌ بمساعدةِ الرّجلِ الذي أنقذَ حياتَهُ وحزينٌ لغيابِ «ثائر» وعدم حضورِهِ وتمنَّى أن يكونَ بخيرٍ..

يصلُ «سامر» إلى بيتِ «ثائر» ويقرعُ البابَ فتخرجُ «أم ثائر»..

تنظرُ الأمُّ إلى وجه الفتى اليافع وتتأمَّله جيِّداً.. نعم.. إنَّه هو.. الفتى الذي يحملُ في جسدِهِ قطعةً من ابنِها..

تستغربُ الأمُّ حضورَ «سامر» وتقول: كيف عرفتَ عنوانَ منزلِنا يا سامر؟

سامر: سـأجيبُكِ يـا «أم ثائر» لكـن أرجـو أن تسمحي لي بالدُّخول..

يدخلُ «سـامر» المنزلَ المتواضـعَ ويجلسُ مع إخوةِ «ثائر»: أطفالٍ صغارٍ بحاجةٍ إلى رعايةِ الأبِ الهاربِ من الظلم..

تقول «أم ثائـر»: أتمنَّى أن تكونَ بصحَّةٍ جيِّدةٍ.. ما هذه الأخشابُ التي تحملُها؟!..

سامر: أنا بخير.. هذهِ الأخشـابُ أرسـلها «أبو ثائر».. لقد اتّفقت مع «ثائر» على اللّقاءِ عند طرفِ الغابةِ لكنَّه لم يحضر..

هنا يروي «سـامر» الأحداثَ التي وقعتْ عندما تاهَ في الغابةِ وقصّةَ لقائهِ مع أبي ثائر وإنقاذِهِ لحياتِهِ.

تبكي الأمُّ بحرارةٍ وتندبُ حظَّها العاثر: لقد

قُبِض عليه في الأمس.. وهو الآن في سجنِ الأحداث..

سامر: في السِّجنِ؟!.. ما هي تهمتُه؟!

أم ثائر: اتّهموه بقطعِ أخشابِ الغابةِ وبيعها..

سامر: يا للهول.. ما العملُ الآن؟!

أم ثائر: لا أدري يا بني أنا أدعو الله أن يخرجَنا من هذه المأساة..

يفكِّرُ «سامر» قليلاً ثم يقول: لن أقفَ مكتوفَ اليدين.. سأقومُ بمهمَّة «ثائر» ولن يتغيَّرَ شيء.

أم ثائر: هذا أمرٌ خطيرٌ يا ولدي.. قد تلقي الشرطةُ القبضَ عليكَ بالتّهمة نفسِها.. يجبُ أن يعرفَ والداك بالأمر..

سامر: لا تقلقي يا «أم ثائر».. سأسلكُ كلَّ يومٍ درباً مختلفاً.. أمّا من جهة والدَيَّ فسأقومُ بإخبارِهما قريباً..

غادرَ «سامر» بيتَ العائلةِ المنكوبة.. تلاطَمتْ في أعماقِ الفتى اليافعِ أمواجُ مشاعرَ عديدة.. شعورٌ بالحزنِ على حالِ عائلةِ «أبي ثائر».. وشعورٌ بالألمِ على حالِ صديقِه «ثائر» الذي يقبعُ في السِّجن.. وشعورٌ بالمسؤوليَّةِ التي وجدَ نفسَهُ فيها.. لا يمكنُهُ أن يتخلَّى عن هذه الأسرةِ التي تفرّقَ أفرادُها بين الهربِ والسِّجنِ والمنزلِ الحزين..

يفكّرُ «سامر»: ماذا أفعلُ الآن؟!.. كيف أتصرَّف؟!.. هل أُخْبِرُ أبي بقصّةِ هذه العائلة؟!.. هل سيسمحُ لي بمساعدتها؟!.. أوه... ساعدْني يا

رُبّ.. ما هو التصرّفُ الصّحيح؟!..

يعـودُ «سـامر» إلـى منزلِهِ ويجلـسُ فـي غرفتِهِ وحيـداً.. لم يتخذْ قـراراً بإخبـارِ الأبِ لكنّه اتّخذَ قراراً بمساعدةِ الأسرةِ الحزينة..

عندمـا حـان موعـدُ اللّقـاء الأسـبوعيّ مـع «ابي ثائـر» ذهبَ سـامر بمفردِهِ والتقى مـع الأبِ الذي ينتظـرهُ على أحرِّ من الجمر: هل عرفتَ شـيئاً عن «ثائر»؟ هل رأيتَه؟!..

صمتَ «سـامر» برهةً ثم قال: لا تقلقْ يا عمَّاه.. «ثائر» بخير.. سيأتي قريباً..

يستغربُ الأب: سـيأتي قريبـاً؟!.. أيـن هو؟! أرجوكَ لا تُخفي شيئاً عنّي.

سامر: إنّه في سجنِ الأحداث.. اتّهموه بقطعِ أخشاب الغابةِ وبيعِها..

ينهارُ الأبُ ويبكي بحرقة: ماذا؟!.. سجنُ الأحداث؟!.. يا إلهي..

يحاول «سامر» تهدئةَ الرّجل ويعدُه بأن يساعدَ ابنه..

الأب: كيفَ ستساعِدهُ؟!.. إنّه في السّجن..

سامر: سأروي حادثةَ ابنِك لأبي وقد نجدُ طريقةً لإخراجِهِ من السّجن.

يشكُرُ «أبو ثائر» الفتى النبيلَ على حماسِتِهِ ثمّ يحملُ «سامر» الأخشابَ إلى بيتِ العائلة..

بعد خروجِهِ من منزلِ «أبي ثائر» يقرّرُ «سامر»

أن يصارحَ أباه بالقصّةِ كاملةً.. ربّما يجدُ حلاً ما.. وهذا ما حدثَ بالفعل.. يروي «سامر» قصّة إنقاذِ الرّجل لحياتِهِ في الغابةِ وحادثة إلقاء القبضِ على «ثائر» ويخبرُهُ عن زيارتِهِ لمنزلِ العائلة..

يتعهَّدُ «أبو سامر» أن يساعد «ثائر» في الخروجِ من السّجن كما يتعهّدُ بمساعدةِ الأسرةِ بالمال..

لكنَّهُ يطلبُ مـن ابنِهِ ألا يذهبَ مـرّةً أخرى إلى طـرفِ الغابةِ ليلتقي مـع «أبي ثائر».. إنـه تصرُّفٌ خطيرٌ جداً.. ربّما يُلقى القبضُ على «سامر» وقد تتأثرُ صحّتُهُ كثيراً..

يصرُّ «سامر» على الذّهاب إلى «أبي ثائر»..لكنَّ الأبَ يستطيعُ إقناع «سامر» بالذّهابِ مرةً واحدةً برفقتِهِ ليتحدثَ مع «أبي ثائر» في الموضوع..

أخذَ «أبو سامر» قضية الفتى «ثائر» على عاتِقِه
واستطاعَ أن يحصل على أمرِ إطلاق سراحِ الفتى
بعـد كتابةِ تعهُّد بعدمِ العودةِ إلى قطعِ أخشابِ
الغابةِ وبيعِها..

قبلَ اللّقاءِ التّالي مع «أبي ثائر» يمرضُ «سامر»
ويشـعـرُ بـآلام مـن جهـةِ الكلية.. ويرقـدُ في
الفراش..

يذهـبُ «أبو سـامر» إلـى بيتِ عائلـةِ «أبي ثائر»
ويلتقـي مع الأمّ وابنِها اليافعِ ويخبرُهما بمرضِ
«سامر».. ويقدّم بعضَ المالِ لهما..

ترفـضُ «أم ثائر» المـال وتقول: أرجوك يا أبا
سامر.. اسمحْ لنا أن نرفضَ هذا المال..

أبو سامر: أرجوكِ يا «أم ثائر» أن تقبلي به.. لا يمكنُني أن أتركَ عائلتكم في هـذه الظُّروفِ القاسية.. إن قطعةً من جسدِ ابنِكِ تعيشُ وتنبضُ في جسدِ ابني..

الأم: أقدِّرُ مشاعِرَكَ النبيلةَ يا «أبا سامر».. لقد ساعدتنا في إخـراج ابني من السَّجنِ وقد دفعتَ ثمنَ هذه القطعة.. ولا أحـدَ يجبرُك على مواصلةِ دفعِ الأموالِ لنا..

أبو سامر: إنّ ضميري يجبرُني على ردِّ الجميلِ لكـم يا «أمّ ثائر».. لقد أنقـذَ زوجُك حياةَ ابني في الغابةِ الموحشـة.. إنَّنا الآن عائلةٌ واحدةٌ.. تربطُنا خيوطٌ كثيرة.. فأرجو أن تقبلي مساعدتي..

ثائر: أشكرُك يا عمّاه.. إني أعتبرك بمقامِ والدي

ولن أنسى معروفَك أبداً.

أبو سامر: أرجو أن تذهبَ معي لزيارةِ «سامر» إنه ينتظرُك.. هل ستأتين معنا يا «أم ثائر»؟

أم ثائر: بالطّبع.. سآتي معكم..

أثناءَ الزّيارةِ يتّفقُ الجميعُ أن يقومَ «أبو سامر» بمهمةِ الذّهاب إلى طرفِ الغابةِ من أجلِ لقاءِ «أبي ثائر».. لأن «سامر» مريضٌ و«ثائر» لا يستطيعُ الذّهاب إلى ذلكَ المكانِ بسبب التّعهّد الذي كتبَه «أبو سامر».. تطلبُ «أم ثائر» من «أبي سامر» ألّا يخبرَ زوجَها بعمليّةِ نقلِ الكليةِ لأنّها تمَّتْ من دونِ موافقتِه..

في اليوم المحدّدِ يحصلُ اللّقاءُ بين «أبي سامر»

و «أبي ثائر».

في أعماقِ «أبي سامر» تنمو رغبةٌ شديدةٌ في مساعدةِ هذا الأب.. فهو أنقذَ ابنَهُ من خطرِ الموتِ المحدّقِ وأنقذَهُ ابنه ثائر مرّةً أخرى عندما وافقَ على نقلِ كليةٍ من جسدِه.. كما يشعرُ «ابو سامر» أنّ هذا الرجل بريءٌ مـن التّهمة التي أُلصقتْ به.. إنّه رجلٌ جيّدٌ لأنّهُ ساعدَ فتىً لا يعرفُهُ مطلقاً وأنقذَه من براثنِ الذِّئاب.

تجـولُ أفـكارٌ عديدةٌ في ذهنِ «أبـي ثائر» عندما التقى «أبا سامر» ولأنّهُ يتمسّكُ بالأملِ فهو يتمنّى أن يكونَ خلاصُهُ من هذهِ المحنةِ الشَّديدةِ بمساعدةِ هذا الرَّجلِ وابنِهِ الذي التقاه صدفةً في الغابة.

يشرحُ «أبو ثائر» ملابساتِ القضيةِ التي اتُّهِمَ بها

ويتعهَّـد «أبو سـامر» بأن يدرسَ القضيـةَ مع محامٍ بارع.. ربَّما يستطيعُ إثباتَ براءةِ الأبِ المظلوم.. ويتّفقانِ على اللقاءِ في الأسبوعِ التّالي.

يذهبُ «أبو سـامر» إلـى المحامـي الـذي يعرفُهُ منـذُ زمنٍ بعيدٍ ويحكي لهُ قصّـةَ الأبِ الهاربِ من السِّـجنِ وهنا يطلبُ المحامي مِن «أبي سامر» بأن يقنعَ المتّهمَ بتسليمِ نفسِهِ لأنَّها الخطوةُ الأولى في طريق البراءة.

يلبّي «أبو سامر» طلبَ المحامـي ويذهبُ إلى مكانِ لقائهِ مع «أبي ثائر» في الموعدِ المحدَّدِ بينهُما لكنّه لا يجدُهُ!.. ماذا حصـل؟!.. أين اختفى؟!.. يمرّ الوقتُ بطيئاً ويحتارُ «أبو سامر» في الأمر: هل يبحثُ عنه بمفردِهِ؟ أم يخبرُ الشُّرطة؟..

يبحثُ «أبو سامر» عن الرّجلِ المفقودِ.. وأخيراً يجدُهُ في الحفرةِ التي اتّخذها بيتاً له.. إنه مصابٌ بجرحٍ عميقٍ في رجلِهِ اليمنى.. لقد هاجمتْهُ الذِّئابُ الجائعةُ..

يبتسمُ «أبو ثائر» ويقول: أهلاً أيها الرَّجلُ الشُّجاع.. لقد هاجمتني الذِّئابُ لكنَّني قاومتُها واستطعتُ الإفلاتَ منها بصعوبة..

أبو سامر: أحمدُ الله على سلامتِك.. هيّا يجبُ أن تذهبَ معي إلى المشفى..

يتعجّبُ «أبو ثائر»: إلى المشفى؟!.. سيلقون القبضَ علي..

أبو سامر: لقد شرحتُ قضيّتَك للمحامي الذي

أَثِقُ به وطلبَ مني أن تسـلَّمَ نفسَـكَ للعدالة.. إنَّها أولُ خطـوةٍ في طريـقِ براءَتِك يا صديقي.. هيَّا.. أرجو ألا نضيِّعَ الوقت..

بعد مناقشـةٍ طويلةٍ يستطيع «أبو سامر» أن يقنعَ الرَّجلَ المصابَ بالذَّهابِ معهُ إلى المشفى..

استندَ «أبو ثائر» على كتفِ صديقِهِ وبعد ساعتينِ من الزَّمنِ وصلَ الرَّجُلانِ إلى المشفى..

اتَّصـلَ «أبـو ثائـر» مع المحامـي الـذي وصل سـريعاً واستدعى الشُّـرطةَ ليتمَّ توثيقُ حالةِ تسليم «أبي ثائر» نفسَه للعدالة..

تسـيرُ الأمورُ كمـا خطَّطَ لهـا المحامـي ويبقى الرَّجلُ المتَّهمُ في المشـفى حتّى يتعافى ويتمُّ بدءُ التَّحقيقِ من جديد..

في بهو المشفى يدور نقاشٌ جادٌّ بين المحامي ومحقِّق الشرطةِ و«أبي سامر»..

يقول أبو سامر: أشعرُ في أعماقي أنّ هذا الرجلَ بريءٌ من التُّهمةِ التي لُفِّقت له..

المحقِّق: لا يكفي الشُّعور.. نحن نتعاملُ بالأدلّةِ والحقائق..

أبو سامر: عذراً أيها المحقِّق.. هناك حقائق..

المحقق: هل يمكنُك أن تبوحَ لنا بها؟

أبو سامر: أولاً: لقد سلّم الرّجلُ نفسَهُ للعدالةِ كما ترى.. ثانياً..

وهنا يقاطع المحقّق أبا سامر ويقول: عذراً.. إنه مصابٌ وهو مضطرٌّ لتسليمِ نفسه وإلا سيفقدُ

حياتَهُ.. لن يقبلَ أحدٌ بمعالجةِ رجلٍ هاربٍ من السِّجن..

أبو سامر: قد يستطيعُ إيجادَ شخصٍ يعالجُهُ من دون إعلامِ الشُّركة..

المحقق: ربّما.

أبو سامر: السببُ الثّاني أيُّها المحقِّقُ أنّه مارس عملاً شريفاً من أجلِ الإنفاقِ على أسرتِه.

المحقق: هل تسمي قطعَ الأخشاب من الغابةِ بشكلٍ عشوائيٍّ عملاً شريفاً؟

أبو سامر: نعم.. إنه لا يؤذي أحداً.

المحقق: إنه يشوِّهُ الغابة.. قطعُ الأشجارِ بشكل عشـوائيٍّ جريمةٌ يعاقبُ عليها القانـون.. أليس

كذلك أيُّها المحامي؟

المحامي: نعـم.. لكنّها حالةٌ خاصّة.. وقعَ هذا الرجلُ في ظروفٍ صعبة.. وجدَ نفسَهُ وسطَ الغابة فمارسَ عملاً في مكانٍ وجودِه.. على كلّ حالٍ لا يمكنُ مقارنةُ هذا العملِ مع جريمةِ القتلِ والسّرقةِ التي اتُّهم بها..

المحقق: إنه محكومٌ بالسّجن وليس متّهماً أيُّها المحامي..

المحامي: لقـد طلبتُ منكم إعادةَ فتحِ التّحقيقِ من أجلِ إثباتِ براءَتِهِ..

أبـو سـامر: أيُّها المحقّقُ.. لو كانَ هـذا الرجلُ قاتـلاً وسـارقاً لمـا اضطرَّ أن يُعرِّضَ حيـاةَ ابنِهِ للخطر..

المحقّق: ربّما كان هذا غطاءً لجريمتِهِ.. ربّما يخفي المالَ في مكانٍ ما كي يضلِّلَ العدالة..

أبو سامر: سأبوحُ لكَ بسرٍّ لا تعرفُه!.. لقد تمّ إجراءُ عمليّة نقلِ كليةٍ من جسدِ ابن هذا الرجلِ إلى جسدِ ابني اليافع.. وقد دفعتُ مبلغاً كبيراً مقابلَ ذلك.. هل تعلمُ أنّ الرجلَ لا يعرفُ بهذه العمليَّةِ لأنَّهُ رفضَ الموافقةَ عليها أصلاً حرصاً على صحّةِ ابنِه.. لو كان مجرِماً وهدفُهُ المال لوافقَ على العمليَّةِ فوراً واستغلَّ المال كي يهربَ خارجَ البلادِ عبر الحدودِ ويعيشَ حياةً رغيدةً..

يصمتُ المحقّقُ قليلاً ثم يقول: هل توجدُ وثائقُ رسميةٌ بهذه العملية؟

أبو سامر: نعمْ.. إنها بحوزتي.. سأحضرُها لك

حيـن تطلبُها.. أيُّها المحقِّقُ المحتـرمُ.. أرجو أن نساعدَ هذا الرَّجلَ.. أنا متأكّدٌ من براءته.

بعد أيّامٍ تتحسَّنُ صحّةُ «أبي ثائر» ويبدأ المحقِّقُ باستجوابِه: لماذا قتلتَ زميلكَ في العمل؟.. كيف قتلتَهُ؟.. من أجلِ ماذا؟... من أجلِ المال؟!!.. أم هناكَ شيءٌ آخر؟!

تسـقطُ الأسئلةُ المتلاحقةُ علـى رأسِ الرجلِ المظلـومِ وتفيـضُ عيناهُ بالدُّموع.. لا ينطـقُ بأيّةِ كلمةٍ ثم يفقدُ وعيَهُ بالكاملِ وتسوءُ صحّتُهُ كثيراً..

يغضبُ المحامي: أيُّها المحقق.. أعترضُ على طريقةِ التّحقيقِ مع موكلي.. إنّهُ مريضٌ ويجبُ أن تأخذَ هذا بالحسبان..

يبتسمُ المحقِّقُ ويقول: اعذرْني أيها المحامي..

لا أزالُ أشكُّ في هـذا الرجلِ.. لماذا لـم يُجِبْ على أسئلتي؟!.. لا بدَّ أنَّهُ مُذنِب.. على كلِّ حال سأنتظرُ استفاقتَهُ من الغيبوبة..

يغـادرُ المحقِّقُ ويبقى المحامي ثمّ يأتي «أبو سامر» ويستغربُ طريقةَ المحقِّق القاسية في التَّعاملِ مع «أبي ثائر».

يقـرِّرُ الأطبّاءُ نقلَ الرّجلِ إلى غرفةِ الإنعاشِ.. حالتُهُ سيّئةٌ جداً..

ليلاً يحدُث أمرٌ خطيرٌ جداً!...

تقومُ الممرِّضةُ المُناوبةُ بالمرورِ على سريرِ «أبي ثائر» وتكتشفُ أنَّهُ قـد تمَّ فصلُ أجهـزةِ الإنعاشِ عنه! فتصرخُ بصوتٍ عالٍ: يا إلهي!.. ساعدوني!!

يتجمهرُ الطَّاقمُ الطبّيُّ المُناوبُ في غرفةِ الإنعاشِ ويعيدونَ وصلَ أجهزةِ الإنعاشِ إلى جسدِ الرّجل الموشكِ على الموتِ.. ثمَّ يعرِّضونَهُ لصدمةٍ كهربائيّةٍ كي يدبَّ النّشاطُ في جسمِهِ المنهك..

لحسنِ الحظّ ينجو «أبو ثائر» منَ الموتِ المحقَّقِ ويبدأ باستعادةِ وضعِهِ الطّبيعيِّ رويداً رويداً..

يحضرُ المحقِّقُ بعد إعلامِهِ بالواقعةِ الخطيرة..

هنا تتغيرُ الأمورِ..

يتردَّدُ صدى كلماتِ «أبي سامر» في ذهنِ المحقِّق: «أنا متأكدٌ من براءةِ هذا الرّجل»..

يخاطبُ المحقِّقُ «أبا سامر»: لقد تمّ فصلُ

أجهزةِ الإنعاشِ عمداً عـن صديقِكَ كي يموت..
هذا يعني أنّ هناكَ شـخصاً متضرِّراً من بقائِهِ على
قيدِ الحياة؟ من هو؟!

أبـو سـامر: إنّـه المجرمُ الحقيقيّ! يريـد أن
يتخلّصَ من كلِّ معالمِ جريمتِهِ.. أليسَ كذلك أيُّها
المحقق؟!

المحقّق: بعيداً عـن العواطفِ يجبُ أن أتأكّدَ
مـن أنّ فصلَ أجهزةِ الإنعاشِ قد تمّ عمداً وليس
عـن طريقِ الخطأ.. يجبُ أنْ أحقّقَ مـع الطاقمِ
الطبّيِّ المناوبِ..

يدخلُ عناصرُ الطاقمِ الطبيِّ المناوبِ تباعاً إلى
غرفةِ المحقّقِ ويبدأُ باستجوابِهم..

يلاحظُ المحقّقُ أمراً مريباً: لقد أتَتْ إحدى

الممرّضاتِ في هذهِ الليلةِ إلى المشفى على الرُّغمِ مـن عدمِ وجودِ اسمِها في لائحـةِ المناوبين.. ثم غادرتِ المشفى بعد ربع ساعةٍ من وصولِها!

على الفـورِ يستدعي المحقِّقُ هـذه الممرّضة ويطرحُ عليها السؤالَ الذي يؤرقُهُ: لماذا حضرتِ إلى المشـفى في هذهِ الليلة؟!.. يجبُ أن ترتاحي في منزلِكِ اليومَ.. أليسَ كذلك؟!

ترتبـكُ الممرضـةُ عنـدَ سماعِ سؤالِ المحقِّقِ لكنَّها تستجمعُ قواها وتجيبُ: ببساطةٍ.. لقد نسيتُ أحدَ أغراضي الخاصّة في غرفتي.. أخذتُهُ ورجعْتُ إلى منزلي... هذا كلُّ شيء..

المحقِّق: لماذا دخلتِ إلى غرفةِ الإنعاش.. هل نسيتِ شيئاً هناك؟

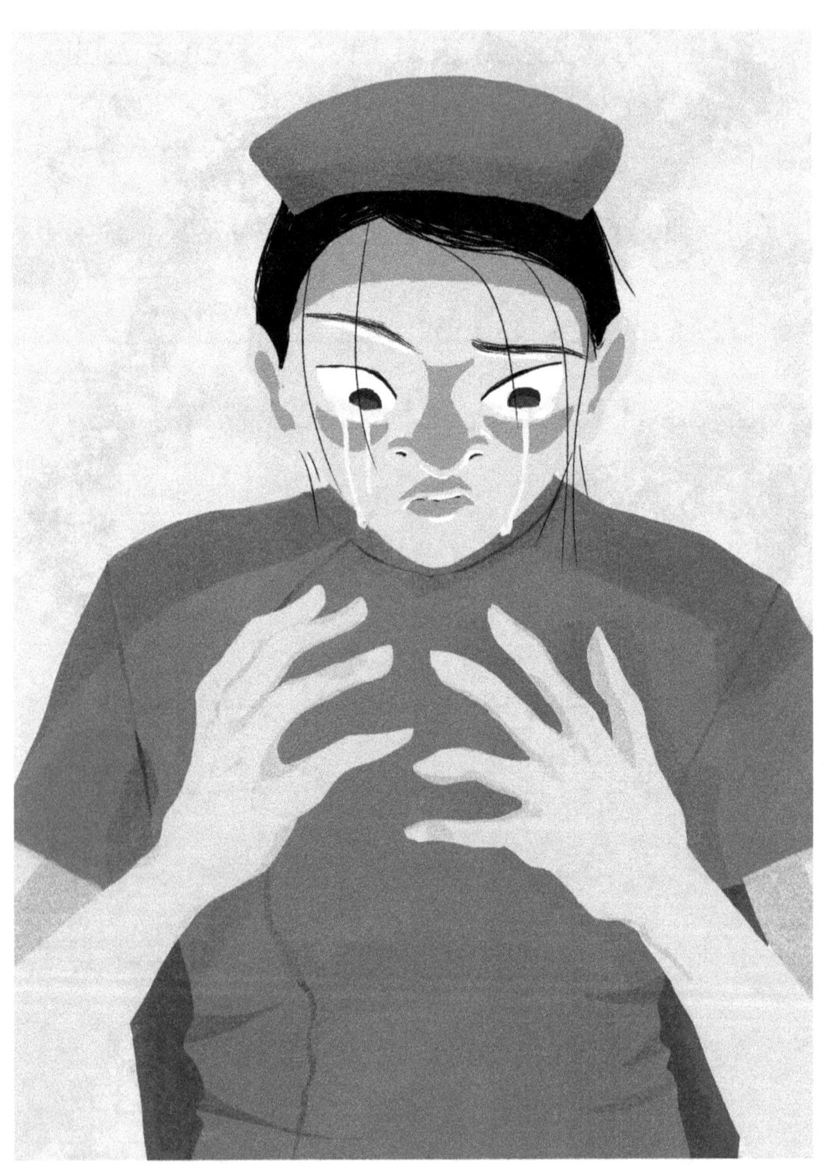

الممرِّضـة: نعم.. نعم.. نسيتُ مفاتيحَ المنزلِ هناك..

يضحكُ المحقِّقُ ويستغرب: نسيتِ مفاتيحَ المنـزلِ في غرفة الإنعاش؟!.. يا لَهُ من أمر غريب!!.. ماذا نسيتِ أيضاً في غرفةِ الإنعاش؟!.. تذكَّري جيداً.. ربما نسيتِ أن تمسحي بصماتِ أصابعِكِ.. أيّتها المجرمـة.. لمـاذا ترتكبين هذه الجريمة؟!.. هيا.. اعترفي!..

تنهارُ الممرِّضةُ باكيةً.. وتجلسُ على الكرسي أمام المحقِّقِ وتبدأُ بسردِ اعترافِها: من أجلِ المـال!.. نعم... من أجلِ المـال.. وضعي المادّيّ سيّئٌ جداً.. أعيشُ مع أولادي الخمسـةِ وزوجي العاجزِ.. لقد أغواني المال..

المحقِّق: مَنْ دفعَكِ إلى ارتكابِ هذه الجريمة؟

الممرِّضة: إنّهُ شـخصٌ لا أعرفُهُ سابقاً.. عرضَ عليّ مبلغاً كبيراً مقابـلَ أنْ أفصلَ أجهزةَ الإنعاشِ عن المريضِ كي يموت.. وعندما يموتُ المريضُ سيدفعُ لي ضعفَ المبلغ..

المحقِّق: هـل تملكيـنَ أيَّ معلومةٍ عـنْ هـذا الشّخص؟ عنوانه.. رقم هاتفه.. أي شيء..

الممرِّضة: للأسف.. لا أملك أيَّ معلومة..

المحقِّق: لكن.. كيف سيدفعُ لكِ ضعفَ المبلغِ عندما يموتُ الرَّجل..

الممرِّضة: لقد أخبرني أنه سيعثرُ عليَّ وسيدفعُ المبلغ.

هنـا ينتفـضُ المحقِّـق واقفـاً ويستدعي مديـرَ المشـفى ويطلـبُ منـهُ أَن يعلـنَ موتَ «أبـي ثائر» وإخفاءَ أمرِ التّحقيقِ مع الممرِّضة.

يستغربُ المديرُ طلبَ المحقِّقِ لكنَّهُ ينفِّذُ المطلوبَ منه..

يطلـبُ المحقِّـقُ مـن الممرِّضـةِ أَن تذهبَ إلى منزلِهـا ويعدُهـا بتخفيـفِ الجرمِ عنهـا إِن تعاونَتْ في الإيقاعِ بالمجرمِ الحقيقيِّ ويرسـلُ خلفَها أحدَ العناصرِ لمراقبةِ تحرُّكاتِها..

يجتمـعُ المحقِّـقُ مـع «أبـي سامر» والمحامي ويتَّفـقُ معهمـا علـى خطّةٍ للقبـضِ علـى المجرمِ المجهـول.. يطلـبُ المحقِّـق من «أبي سـامر» أَن يعلمَ زوجة «أبي ثائر» بوفاةِ زوجِها في المشفى!..

يرفض «أبو سامر» هذه المهمة في البدايةِ لكنَّهُ يقتنعُ بها بعد تدخِّل المحامي الـذي اقتنع بخطَّةِ المحقّق..

في الصَّباحِ التَّالي تحضرُ «أم ثائر» برفقةِ أطفالِها ويحضرُ «سامر» أيضاً وتسيرُ الأمورُ كما خطَّط لها المحقّق.. تخرجُ الجنازةُ من المشفى ويبكي الجميع...

يصرخُ ثائر: لقد ماتَ أبي مظلوماً!.. إنه بريءٌ.. رحمكَ اللهُ يا أبي..

تتابعُ الجنازةُ مسارَها الطَّبيعيَّ إلى المقبرةِ ويتمُّ دفنُ الرَّجلِ الميت!..

هنا يتلقَّى «أبو سامر» اتصالاً هاتفياً مـن المحقّق.. ثم يبدأ بالصُّراخ: بشراكِ يا أم ثائر!..

لقد تـمّ القبضُ على المجرمِ الحقيقيّ.. «أبو ثائر» بريء!

تستغربُ أم ثائر: ما الفائدةُ يا أبا سامر.. نال «أبو ثائر» براءَتَهُ بعد موتِهِ..

أبو سامر: لا.. لا.. إنه حيّ!..

يبكي أبو سامر فرحاً: إنه حيّ.. أبو ثائر حيّ.. إنّها جنازةٌ وهميّةٌ.. هيّا بنا إلى المشفى.. سأشرحُ لك كلّ شيءٍ هناك..

تختلـطُ دموعُ الفرحِ مع دمـوعِ الحزن في عينيّ «أم ثائر» وعيون أولادِها.

تسـودُ حالةٌ من عـدمِ تصديق ما يسـمعُهُ الناسُ من أبي سامر.. كيف يُعلن موتُ الرّجلِ ويتمُّ دفنُهُ على الرُّغمِ من كونِهِ حيّاً؟!..

هنا يتدخّلُ المحامي ويشـرحُ الأمرَ للنّاس: لقد تـمّ ترتيبُ هذه الجنازةِ من أجل الإيقاعِ بالمجرمِ الحقيقيِّ.. «أبو ثائـر» موجودٌ في المشفى وهذا الكفنُ لا يحوي شـيئاً.. أعتذرُ مـن الجميع لكنّها الطريقةَ الوحيدةُ لإثباتِ براءةِ «أبي ثائر»..

يصـلُ «أبـو سامر» مـع عائلة «أبـي ثائـر» إلى المشفى ويلتقي الجميع مع المحقّق..

المحقّق: هنيئاً لك يا «ثائر».. لقـد قبضْنا على المجرمِ الحقيقي.. لقد اسـتغلَّ انشـغالَ الجميع بالجنازةِ المفترَضة وحاولَ أن يعتديَ على «أبي ثائـر» في غرفةِ الإنعاشِ.. لـم تنطلِ عليـه حيلةُ الجنازة.. إنّـه زميلُهُ في العمل.. حاولَ اسـتغلالَ منصبِ زوجكِ لسـرقةِ محاسبِ الشركةِ وعندما

لم يوافقْ «أبو ثائر» على خطَّتِهِ قام بقتلِ المحاسبِ وسـرقتِهِ ولفَّقَ بعـضَ الأدلَّةِ التي تديـنُ زوجَكِ.. سيلقى جزاءَهُ العادل..

تدخـلُ الزَّوجةُ الباكيـةُ مـع أولادِها إلـى غرفةِ زوجِهـا البـريء وتحتضنُـهُ وتقبِّلُـهُ وتسيلُ دموعُ الفرح من عيونِ الجميع.. يا لها من لحظةٍ مؤثِّرةٍ.. انتظرَهـا «أبو ثائر» طويلاً.. ولـم يتخلَّ عن الأملِ أبداً.